LA FRANCE NOIRE

ET

TOMBOUCTOU

Par l'Abbé Théodore DELMONT,

Professeur aux Facultés catholiques de Lyon.

AURILLAC

IMPRIMERIE H. GENTET

6, rue Marchande, 6

1894

LA FRANCE NOIRE

ET

TOMBOUCTOU

Par l'Abbé THÉODORE DELMONT,

Professeur aux Facultés catholiques de Lyon.

AURILLAC

IMPRIMERIE H. GENTET

6, rue Marchande, 6

1894

LA FRANCE NOIRE

ET

TOMBOUCTOU

C'est avec une patriotique allégresse que nous apprenions, le 25 janvier 1894, que le drapeau tricolore flottait à Tombouctou et que « la reine du désert » subissait les lois de la Patrie Française.

En quelques jours, le nom du lieutenant-colonel Bonnier devenait aussi populaire que celui du général Doods, le vainqueur de Behanzin et du Dahomey.

Puis, tout à coup, éclatait, comme un coup de foudre, la douloureuse nouvelle de la mort à Dongoï du jeune et brillant officier supérieur auquel nous devions la conquête précieuse de la « ville sacrée » du Sahara.

Que Bonnier eût été victime d'une surprise, dans une reconnaissance, au milieu d'une nuit fatale, ou qu'il eût succombé, comme tout nous autorisait à le croire après les lettres publiées par la *Patrie,* martyr du devoir et d'un ordre du gouverneur *civil* Grodet, — sa mort provoquait les douloureux regrets de quiconque porte au cœur l'amour de la France. L'oraison funèbre, que M. le Président du Conseil des ministres ne savait pas, ou ne voulait pas accorder, du haut de la tribune de la Chambre, le 10 février, à ce héros gênant pour des civils, qui n'aiment ni « certaines ardeurs excessives, ni certains courages irréguliers » (1), cette oraison funèbre montait spon-

(1) Paroles de M. Casimir Périer : *Journal officiel* du 11 février 1894.

tanément de tous les cœurs à toutes les lèvres. Aujourd'hui encore, nous nous associons tous, du meilleur de notre âme, aux regrets émus que les Russes donnaient hier à nos compatriotes tués au Soudan, et au salut fraternel que le commandant Monteil adressait, dans la *Revue de Paris* du 1er mars, à ceux qui ont payé de leur vie notre dernière conquête coloniale :

« Salut à vous, Bonnier, Hugueny, Sansaric, Grall, Aube et autres, mes amis, mes anciens compagnons sur cette terre soudanienne que vos glorieux faits d'armes avaient conquise, que votre mort a sacrée terre de France! Là où vos mânes reposent, là s'étend désormais la patrie française. Le jour viendra où vous serez vengés ! »

Le 9 mars, à Oran, sur l'initiative et sous la présidence de Mgr Soubrier, avait lieu un imposant service funèbre à la cathédrale en l'honneur du colonel Bonnier, des officiers et des soldats massacrés à Dongoï.

La cathédrale était magnifiquement décorée de tentures noires et de trophées de drapeaux. L'artillerie avait dressé des faisceaux d'armes autour du catafalque. Les généraux Boitard, Metzinger, tous les officiers de la garnison et des délégations des corps de troupes assistaient à la cérémonie, ainsi que le préfet et toutes les autorités civiles.

L'oraison funèbre des victimes, très émouvante, a été prononcée par un missionnaire de Lyon, et l'absoute a été donnée par l'évêque.

Cette cérémonie religieuse et patriotique sera, sans doute, suivie de bien d'autres semblables.

En attendant, puisque l'attention publique est si vivement attirée par les événements de l'Afrique centrale, il ne sera peut-être pas sans intérêt de rappeler brièvement qu'est-ce que la *France noire* et quelle est l'importance de *Tombouctou.*

La France noire.

On peut bien appeler de ce nom l'empire colonial que nous avons conquis depuis peu dans l'Afrique centrale et le Continent noir.

La superficie de cette France noire est *double* de celle de la France européenne.

Il y a d'abord notre ancienne colonie du *Sénégal,* environ 120.000 kilomètres carrés, depuis ses derniers agrandissements.

Il y a ensuite les *Rivières du Sud* avec les cantons situés sur les deux rives de la Gambie et tout le Fouta-Djallon, environ 90.000 kilomètres carrés.

Il y a le *Soudan français,* dont les trois quarts ont été conquis depuis quatre ou cinq ans et qui forme une colonie vaste et compacte de plus de 600.000 kilomètres carrés, alors que la France en a 500.000 et quelques seulement.

Il y a, en outre, le territoire du Mossi, le petit Etat de Sanganding, le royaume de Macina, le royaume du feu roi Tiéba, qui ont reconnu notre protectorat, et des pays tels que le Kong, le Boundoukou, le Djimini, le Djamana, l'Anno, etc., auxquels Binger et ses émules ont fait reconnaître notre pavillon. Par ces Etats le Soudan français rejoint la Côte d'Ivoire, Grand-Bassam et Assini, et en même temps Kotonou et Abomey.

On voit dès lors quelle est l'immense étendue de cette seule partie de notre empire africain : la *France noire* va des bouches du Sénégal à celles de la Comoé, de l'Atlantique au golfe de Guinée. Elle embrasse *un million* de kilomètres carrés.

A qui revient l'honneur de la création d'un si vaste empire ? D'abord au général *Faidherbe,* à l'illustre vainqueur de Bapaume, qui, sous le second Empire, alors que la France n'était encore en possession que du Sénégal, eut l'idée de l'extension vers l'est, en passant du bassin du Sénégal dans le bassin du Niger. C'est dans cette vue qu'il fondait Médine en 1855, « comme l'amorce de quelque chose de plus grand que le Sénégal : notre futur Soudan français ». Le commandant Monteil a donc bien raison de dire dans la *Revue de Paris* (TOMBOUCTOU ET LES TOUAREGS) : « Notre vieux maître a disparu ; il n'a pas eu à son lit de mort la dernière consolation d'entendre une voix amie lui dire la grande nouvelle d'hier : « Général, le drapeau français flotte sur Tombouctou. » Et si j'ai commencé cette étude en évoquant ce souvenir, c'est un dernier hommage que j'ai voulu rendre à celui qui fut le créateur et l'organisateur de nos possessions sur la côte occidentale d'Afrique. »

Après Faidherbe et une interruption de progrès, causée par nos malheurs de 1870-71, la reprise du mouvement vers l'est a eu lieu : — sous le colonel *Brière* (1878-79), auquel nous devons le fort de Bafoulabé ; — sous le colonel *Borgnis-Desbordes* (1880-83), qui a chassé les Toucouleurs de Kita et Mourgoula, a fait éprouver à Samory ses premières défaites, signé avec Ahmadou un premier traité, fondé Kayes, Badoumbé, Bammako, établi notre protectorat sur le Fouta-Djallon ; — sous le colonel *Boilève* (1883-84) ; — sous le colonel *Combes* (1884-85), qui a fondé Niagassola et étendu notre protectorat sur le Bouré ; — sous le colonel *Galliéni* (1886-88), qui a affermi les « conquêtes précédentes, renouvelé les traités de protectorat, soumis à notre domination les provinces occidentales de Samory, sur la rive gauche du Niger, les pays du Sud, au-delà du Boundou, jusqu'à la frontière anglaise de la Gambie, et conclu des traités avec Aguibou, sultan du Dinguiray, Tiéba, le puissant roi du Kénédougou et l'Etat bambara de Sokolo ; — enfin sous le colonel *Archinard,* qui a gouverné le Soudan de 1888 à 1893, sauf une interruption d'une année et une campagne du colonel Humbert en 1892, et qui a pu, « dans une suite raisonnée de desseins et d'actions, ajouter sans relâche les résultats aux résultats », reculer les frontières du Soudan français, au nord-est, jusqu'à celles de Tombouctou, aujourd'hui atteintes et dépassées; au sud-ouest, jusqu'à celles de Sierra-Leone et de Libéria, relier cette vaste colonie, d'une part aux Rivières du Sud, d'autre part aux Etats qui dépendent aujourd'hui de nos établissements sur la Côte d'Ivoire, enfin *doubler,* à force d'activité intelligente, l'étendue du Soudan français.

Le colonel Archinard

M. Alfred Rambaud, professeur à la Sorbonne, auteur de *la France coloniale,* a raconté, dans *la Revue Bleue,* les campagnes du colonel Archinard, né au Havre en 1850, et les missions diplomatiques dirigées par lui : en octobre 1890, *la campagne de 1890 au Soudan français,* la prise de Ségou-Sikoro, l'assaut d'Ouossébougou, le combat de Kalé, la prise de Kionakary ; en décembre 1891 et en janvier 1892, *la campagne de 1891,* contre Ahmadou et Samory, le sultan Aguibou, le roi Tiéba et le roi des rois du Mossi. M. Maurice Ordinaire racontait, en juillet 1893, dans la même *Revue,* l'*expédition* du colonel Humbert contre Samory et la Révolution du Macina.

La révocation brutale du colonel Archinard, en décembre 1893, arrachait à M. Rambaud une éloquente protestation contre l'introduction au Soudan de ce qu'on est convenu d'appeler « le régime civil ». Dans *la Revue Bleue* du 6 janvier 1894, le distingué professeur disait que la mesure prise à l'égard du colonel Archinard avait « jeté une vive émotion dans l'armée » et dans le cœur de « tous ceux qui s'intéressent à la grandeur de la France en Afrique ». Il montrait clairement que l'œuvre colossale des Faidherbe, des Borgnis-Desbordes, des Archinard, l'œuvre militaire du Soudan français valait bien la peine qu'on ne la condamnât pas sans enquête, qu'on ne lui appliquât pas « la mort sans phrases ».

Car enfin, que peut-on reprocher au colonel Archinard? — Personne ne conteste qu'il ne soit un des plus vaillants officiers de l'armée francaise; qu'il ait obtenu d'énormes résultats avec des ressources minimes; qu'il ait accompli sous un soleil de feu des marches prodigieuses; que de plusieurs de ses campagnes il soit revenu presque mourant sur le sol natal. — Ce dont on semble le blâmer, « c'est d'avoir trop conquis, trop vaincu », lui, militaire! et de n'avoir pas assez songé à l'équilibre du budget, à *l'administration,* à la *colonisation,* à *l'organisation!*

On croit rêver, quand on lit de pareils reproches jusque dans le *Journal des Débats!*

Eh! quoi! le budget du Soudan, « l'énorme budget du Soudan militaire », comme disent les détracteurs du colonel Archinard, s'élevait en 1893... à six millions pour un territoire deux fois vaste comme la France, où l'on dépense trois milliards et demi et où l'on gaspille tant de millions pour des danseuses ou des ballerines de l'Opéra et d'autres théâtres! Le colonel Archinard souhaitait que ce budget fût porté à huit millions; encore promettait-il de le réduire de 50 p. 100, si on lui accordait la prolongation jusqu'à Bammako, sur le Niger, du chemin de fer à voie étroite qui va actuellement de Kayes à Bafoulabé! Et voilà l'homme qu'on accuse de perdre de vue « l'équilibre du budget! »

Le principal mérite du colonel Archinard, ce n'est pas d'être un brillant militaire, un heureux conquérant; non, c'est d'avoir été « précisément un homme de gouvernement et de diplomatie, un *administrateur,* un *organisateur,* et, autant que le pays le comporte, un *colonisateur* ».

M. Rambaud l'établit par des faits irrécusables. Le colonel Archinard n'a fait que détruire les Etats conquérants, « les Etats-brigands », qui se livraient à la chasse à l'homme et opprimaient les populations pacifiques du Soudan ; il s'est borné à faire rentrer les Toucouleurs dans leur pays d'origine, le Fouta sénégalais, « à restituer le pays bambara aux Bambaras et le pays malinké aux Malinkés, à remettre chacun chez soi, chacun à sa place, et à imposer partout la *paix française,* qui permettra au Soudan de renaître » ; il a mis fin à la conquête des Toucouleurs et à ses fatales conséquences ; il a été le libérateur des vrais indigènes et a fait ainsi bénir par eux l'occupation française.

Quel gouverneur *civil* aura jamais politique plus sage ?

Le colonel Archinard avait donc raison de dire en 1891 : « Notre action au Soudan n'est pas purement militaire. »

Il a multiplié les missions de diplomatie, de politique, d'intérêt scientifique.

Il a fait distribuer un journal d'Algérie, écrit en langue arabe, mais dans un esprit tout français, le *Mochaber*.

Tous les indigènes peuvent s'instruire et faire instruire leurs enfants. Il y a une école de *missionnaires* à Kita pour l'enseignement primaire et les métiers manuels, et le 25 février 1894 la *Vraie France* de Lille publiait une intéressante lettre du R. P. Cros, arrivé depuis peu de Kita et donnant des détails sur « la mission maintenant très florissante de cette ville », grâce à la bienveillante protection de M. le colonel Archinard.

« Cet homme, tout *protestant* qu'il est, disait le P. Cros, n'a jamais cessé de nous témoigner le plus grand intérêt. C'est ainsi que, de passage à Kita, on l'a vu, aussi *fin politique* qu'*habile administrateur*, demander la célébration d'une messe *solennelle,* à laquelle il assista lui-même avec tous les officiers de Kita et son état-major, pour donner l'exemple, comme il me le dit un jour.

« M. le colonel Archinard jouissait au Soudan d'une

popularité incontestable. Son passage à Kita était toujours attendu avec impatience, surtout par les enfants de la mission, qui étaient habitués aux faveurs de sa libéralité.

« Le Soudan français compte aujourd'hui douze missionnaires, dispersés dans quatre stations, où ils apprennent aux enfants des chefs et à de nombreux enfants rachetés de l'esclavage, en même temps que la religion chrétienne, le français et différents métiers : menuisiers, tailleurs, forgerons, etc. Le plus grand nombre est employé à la culture des champs. A Kita, nous avons quatre-vingts enfants. »

Comprend-on la mesure inique par laquelle M. Delcassé a privé brusquement la France noire d'un administrateur émérite, « qui a découvert le Soudan à mesure qu'il le conquérait, qui l'a étudié village par village, qui, depuis huit ans, tient en sa main les fils de cette politique plus compliquée que celle de la question d'Orient, qui a négocié avec tous les émirs, tous les almanys musulmans et tous les griots fétichistes, qui connaît si bien le Soudan parce qu'en somme il l'a fait ? »

Comprend-on qu'on ait remplacé cet homme unique par un administrateur *civil,* qui, hier encore, gouvernait une île des Antilles, la Martinique, une île de 90.000 hectares, quelque chose comme un de nos arrondissements, et qui se trouve tout à coup généralissime de troupes dont il n'a aucune idée, à la tête d'un empire de 600.000 kilomètres carrés, dont il ne connaît ni les ressources, ni l'étendue, ni les habitants, ni surtout les ennemis, l'insaisissable Ahmadou, le tenace Samory, le roi de Kénédégou ?

On est humilié pour la France, quand on voit des intérêts si graves traités si légèrement sous la troisième République !

Ah ! comme l'Angleterre comprend bien mieux la grande œuvre de la conquête et de la colonisation d'un grand pays !

Sans remonter à l'histoire admirable de la formation de l'empire anglais dans l'Hindoustan, — empire créé par lord Clive et ses successeurs, qu'on envoyait de Londres à Calcutta, en leur laissant le soin de tout régler par leur initiative et sous leur responsabilité personnelle — que s'est-il passé en 1885, quand les Français, maîtres du Tonkin, ont paru menaçants pour les intérêts britanniques en Birmanie ? Lord Dufferin s'est uniquement inspiré de l'intérêt britannique : il a pris hardiment la responsabilité de mettre dans sa poche la Birmanie, qu'aucun traité ne lui reconnaissait le droit d'usurper, comme le traité de 1890 reconnaît à la France le droit d'étendre son influence de Laghouat au lac Tchad et au Niger. Au lieu de rappeler lord Dufferin, comme nos ministres ont rappelé Archinard d'abord, puis le colonel Bonnier, les ministres de Sa Majesté Britannique, Impératrice des Indes, l'ont créé marquis d'Ava ; il est aujourd'hui ambassadeur à Paris, et, ces jours derniers, il prononçait à l'hôtel Continental, au banquet annuel de la chambre de commerce anglaise, un discours important dont toute la presse a parlé. Il y rappelait précisément « ces rencontres négligeables (?) dans les lointaines régions de l'Afrique et de l'Indo-Chine, entre Français et Anglais, qui depuis l'aurore de l'histoire ont tenu ensemble le drapeau de la civilisation et du progrès dans chacune des entreprises humaines ! » Il ajoutait que, depuis près d'un siècle, l'Angleterre a appris « à connaître et à *adoucir* la France ».

La France, hélas ! n'a pas appris à imiter l'Angleterre dans sa politique coloniale.

Les événements de Tombouctou en sont la preuve douloureuse.

Tombouctou

Tombouctou est une ville de dix à douze mille habitants, située vers la limite méridionale du Sahara, non pas sur le Niger, mais à cinq ou six kilomètres de Kabara, qui lui sert de port sur un bras du Niger, détaché du grand fleuve à Korlomé.

Cette « reine du désert », cette « La Mecque du Soudan » date du Ve siècle de l'hégire, du XIe siècle de l'ère chrétienne.

L'Arabe voyageur *Ibn-Batoutah,* qui la visita vers le milieu du XVIe siècle, la représentait comme une grande ville très commerçante et renommée par la piété et la science de ses docteurs musulmans, dont beaucoup avaient été à La Mecque.

Léon l'Africain qui la vit vers la fin du même siècle, disait qu'elle était garnie de boutiques, que des artisans nombreux l'habitaient, surtout des tisseurs de coton, que des marchands de Barbarie y transportaient des draps et autres articles européens et qu'il y avait des habitants opulents et un grand nombre d'étrangers fort riches.

Vers la fin du XVIIe siecle, Tombouctou passa sous la domination des chefs bambaras, puis sous celle d'un empereur marocain : le commerce s'y développa d'abord, mais fut bientôt intercepté par les Touaregs.

Dans notre siècle, *René Caillé* fit son entrée à Tombouctou le 20 avril 1828 : ce petit paysan angoumois dut déployer autant de courage que de patience pour forcer la porte de la ville sacrée. Sa relation, traitée jadis de fable par quelques géographes, est d'un intérêt piquant, et le savant docteur allemand Barth a proclamé Caillé « le plus sincère des voyageurs ». « Tombouctou, raconte notre compatriote, forme une espèce de triangle; les maisons y sont grandes, peu élevées et consistent seulement en un rez-de-chaussée. Elles sont construites en briques de forme ronde, pétries et séchées au soleil. Les rues sont propres et assez larges pour y laisser passer trois cavaliers de front... Cette ville renferme trois mosquées, dont deux grandes qui sont surmontées chacune d'une tour en brique. Elle est située dans une immense plaine de sable blanc et mouvant sur lequel croissent seulement de maigres arbrisseaux rabougris. Elle peut contenir dix à douze mille habitants, tous commerçants ; il y vient aussi beaucoup d'Arabes en caravanes. »

Le docteur *Barth* a visité et décrit Tombouctou en 1853.

Le docteur autrichien *Oscar Lenz* y est entré en 1880.

Enfin, le 25 décembre 1893, le lieutenant-colonel Bonnier de La Chapelle, ou plutôt son lieutenant, le commandant Boiteux, y arborait glorieusement le drapeau de la France.

Voici des extraits de deux lettres que le lieutenant de vaisseau Aube, tué par les Touaregs le 28 décembre entre Kabara et Tombouctou, écrivait aussitôt après son entrée dans la ville sainte :

« Partis pour Tombouctou, avons pris la ville après petit combat où avons mis en bouillie Touaregs sans qu'ils nous le rendent. Tombouctou, vilaine ville, sale, mais parfois pittoresque en certains endroits ; écrirai plus longuement autre jour. »

Un autre jour, après avoir raconté comment le lieutenant de vaisseau Boiteux soutint avec *dix* hommes le feu de 150 combattants et s'empara de Kabara par un brillant coup de main, Aube ajoutait :

« Deux jours après, nous sommes partis pour Tombouctou, où l'on ne peut accéder par eau. J'étais au premier rang, cette fois ; mais messieurs les Touaregs, étonnés (dans le vieux sens du mot : frappés de stupeur) du joli coup de Kabara, avaient filé, et nous sommes entrés dans la cité mystérieuse, n'ayant eu à tirer que quelques coups de canon sur des groupes de cavaliers fuyant dans le lointain sans essayer la plus légère résistance, les triples niais ! »

Elle est donc à nous, la ville vers laquelle tendaient depuis longtemps tous nos efforts, la ville que les Faidherbe, les Borgnis-Desbordes, les Boilève, les Combes, les Frey, les Galliéni, les Humbert et les Archinard avaient prise comme objectif de tous leurs progrès au Soudan ! Elle est à nous, grâce à l'initiative courageuse d'intrépides soldats !

Il ne faut pourtant pas exagérer l'importance *politique* de Tombouctou. — Le docteur Barth, après avoir raconté l'histoire de cette ville, concluait ainsi : « C'est à tort que Tombouctou a été considéré en Europe comme le centre politique et la capitale d'un grand Etat nègre, attendu qu'elle n'a joué à aucune époque, et surtout à celle de l'antique splendeur du pays, qu'un rôle politique tout à fait secondaire. » — M. le commandant Monteil (1) arrive aux mêmes conclusions dans la *Revue de Paris* : Tombouctou n'a jamais été, d'après lui, qu'un *centre commercial et intellectuel.*

Les trois grandes mosquées de cette ville triangulaire attirent beaucoup de musulmans, qui y vont en pèlerinage comme au tombeau du Prophète.

Les marchés de Tombouctou sont, avec ceux de Kano, l'entrepôt de la plus grande partie du commerce du Sahara, surtout du commerce des sels de Taoudeni, mine de sel gemme située à une quinzaine de jours de marche au nord, sur la route du Maroc. Ce sel est découpé sous forme de dalles de 30 kilogrammes environ et il se répand dans toute la *boucle* du Niger (on appelle ainsi l'espace enfermé entre la partie du Niger qui monte vers le nord est et la partie du même fleuve qui fait un coude pour se diriger vers le sud : on dit de même en France : la boucle de la Meuse, entre Sedan et Mézières), dans le bassin du Sénégal et dans les régions intérieures du Sahara ou du Soudan. Les caravanes viennent des régions les plus lointaines et apportent à Tombouctou, en échange du sel, des esclaves, des noix de coca, de l'or, des vête-

(1) On sait qu'il est un des voyageurs les plus intrépides, qui, dans ces dernières années, aient pénétré au Soudan et dans le Sahara.

ments, des produits agricoles; ils y anènent aussi des troupeaux, bœufs, moutons, chameaux.

Tombouctou vit donc par le commerce et pour le commerce; mais le Soudan lui est indispensable, tandis qu'il n'est pas indispensable au Soudan, qui peut transporter ailleurs son marché. Notre présence y fera certainement diminuer le nombre des esclaves à vendre, qui y affluaient.

Les habitants de Tombouctou

« Personnne n'ignore, écrivait la *Revue française,* le 15 décembre 1889, que les habitants de Tombouctou ne sont pas des sauvages, mais des gens très pratiques qui connaissent leurs intérêts : ils aspirent avant tout à être délivrés de l'oppression des *Touaregs* au nord et du *Macina* au sud. »

Aujourd'hui nous avons conquis le Macina au sud et nous allons arracher les Tombouctani à l'oppression des Touaregs, comme le colonel Archinard a délivré les autres Soudanais de celle des Toucouleurs et des Etats-brigands.

C'est assez dire que les Français ont été accueillis à Tombouctou comme des libérateurs.

La *Revue française* ajoutait que les Tombouctani ne demandent pas à être « administrés par un nouveau conquérant » : aussi bien les Français n'auront-ils pas l'idée d'y installer un commissaire de police et un receveur de l'enregistrement. Non; il s'agit de substituer le protectorat bienfaisant de la France aux pillages des Touaregs et aux exactions du Macina, leur suzerain nominal. Le conseil municipal ou chambre de commerce, qui administre la ville, envoyait en 1884 un délégué à Paris pour nouer avec nous des relations commerciales.

Les habitants sont des musulmans sincères, les

meilleurs assurément, et des gens à qui on peut faire entendre raison, comme en témoigne hautement l'aventure du juif Mardochée, protégé français.

Il avait été envoyé, avec des marchandises, à Tombouctou par le regretté Beaumier, alors notre consul à Mogador et curieux d'ouvrir à la France des relations commerciales avec le centre de l'Afrique.

La présence d'un infidèle à Tombouctou fut immédiatement signalée. Mardochée dut comparaître devant le conseil, qui lui laissa le choix entre trois alternatives :

— Ou tu te feras musulman ;

— Ou tu nous cèderas toutes tes marchandises ;

— Ou tu auras la tête tranchée.

Mardochée ne voulait pas renier sa religion. — Il ne se serait jamais décidé à perdre ses marchandises. — Il ne se souciait pas davantage de la troisième éventualité.

C'était un homme lettré. Tranquillement, il tira de sa manche un exemplaire du Coran. En lisant les textes du Livre et en citant de mémoire les opinions des grands commentateurs, il démontra que les vrais musulmans n'ont pas le droit de contraindre l'infidèle à embrasser l'islamisme, — ni de lui prendre ses marchandises, — ni de le tuer, lorsqu'il se soumet.

Les membres du conseil étaient de vrais croyants : ils laissèrent en liberté Mardochée, qui put vendre ou échanger ses marchandises et revenir paisiblement à Mogador, pour rendre compte de sa mission à M. Beaumier.

Avec des gens qui ont le sentiment religieux et l'instinct commercial, on peut arriver à s'entendre.

Aussi, pendant que certains journaux français blâmaient le hardi coup de main du colonel Bonnier sur Tombouctou et demandaient au gouvernement français de « frapper » ce brave officier, qui venait d'ajouter une page glorieuse à l'histoire de nos conquêtes du Soudan, les journaux allemands, plus équitables, constataient l'importance du fait d'armes, qui a mis entre nos mains la ville sainte de l'Afrique musulmane.

La *Gazette de la Croix*, la *Gazette nationale de Berlin* étaient d'avis, aussi bien que le journal français le *Soleil*, que l'occupation de Tombouctou est le fait le plus considérable qui se soit produit dans la conquête du Soudan par la France, comme l'occupation de Samarkande est le fait le plus considérable qui se soit produit dans la conquête du Turkestan par la Russie.

Le colonel Bonnier, en prenant possession de la ville sainte, ne faisait qu'exécuter un plan arrêté depuis près de trente ans et dont le général Faidherbe a commencé l'exécution lorsqu'il était gouverneur du Sénégal. On pouvait ne pas entreprendre la conquête du Soudan. Mais du moment qu'on l'avait entreprise, il fallait aller jusqu'au bout; et le bout, c'est Tombouctou, cette ville placée à quelques kilomètres du coude du Niger, et qui est le point *terminus* de la ligne de postes militaires d'une longueur de quinze cents kilomètres que nous avons établie par une suite d'efforts héroïques, de Saint-Louis du Sénégal au Haut-Niger. C'est le prince Gortchakoff qui l'a dit : « Lorsqu'un Etat civilisé se trouve en contact avec des peuples dont l'organisation sociale est rudimentaire, il arrive toujours qu'il est obligé de se défendre contre leurs déprédations; de là la nécessité d'expéditions lointaines, coûteuses, périodiques. »

Voilà ce qu'on a appelé à juste raison la fatalité de la conquête. C'est l'histoire des conquêtes de la Russie dans l'Asie centrale. C'est l'histoire des conquêtes de la France dans l'Afrique centrale.

S'il faut en croire la *Patrie*, qui paraît bien renseignée, un nouveau télégramme de M. Grodet serait arrivé au sous-secrétariat des colonies, le 5 mars dernier.

D'après ce télégramme, Samory, le dernier et le

plus tenace de nos ennemis, aurait demandé à faire sa soumission.

On sait que la chute de Samory, le seul chef qui puisse encore faire obstacle à notre expansion dans l'Ouest africain, nous assurerait la conquête définitive du Soudan.

La nouvelle est donc très importante.

Mais il y a les Touaregs! Le colonel Bonnier, hélas! et ses compagnons d'infortune ne s'en sont que trop aperçus.

Les Touaregs

Les Touaregs Aoulimmiden, auxquels nous avons affaire, sont une des cinq importantes confédérations touaregs qui peuplent le Sahara entre la route du Maroc par Taoudeni à Tombouctou, à l'ouest, et celle de Tripoli, Ghadamès, Ghat, Aïr Zinder et Kano, à l'est.

Les Hoggars, les Azguers, les Kel Oui, les Kel Guerres et les Aoulimmiden appartiennent à la race Berbère, à laquelle on doit rattacher les Kabyles, certaines tribus marocaines et peut-être les Maures du Sénégal.

Etablie avant notre ère sur les bords de la Méditerrannée, elle eut à subir les invasions des Phéniciens, des Romains, des Vandales, des Byzantins et des Arabes, sanguinaires et fanatiques. Pour échapper à la rapacité des vautours de l'Islam, les Berbères abandonnèrent leurs terres fertiles et gagnèrent peu à peu le Sahara, où ils conservèrent, à défaut de leur religion qu'ils avaient reniée (c'est de là que vient le nom de *Targui,* qui a renié, singulier de Touaregs), leur indépendance qui leur est si profondément chère.

Les Touaregs sont, au physique, grands, bien découplés, secs et nerveux; au moral, d'une bravoure que rien ne déconcerte, d'une endurance qu'aucune privation ni fatigue ne peut abattre, mais, en revanche, orgueilleux et querelleurs, rusés et tenaces.

« Quelle dignité chez ces fils du désert ! Quel dédain pour les vaines formes de la phraséologie ! » disent ceux que ces apparences frappent. A quoi les Arabes répondent que les Touaregs sont des brutes.

« Au désert, le Touareg est dans son élément ; la noblesse, la dignité de son port s'harmonisent avec la grandiose sauvagerie des chaos de roches incultes ou l'immuable majesté des horizons sans limites ; son mutisme n'est que l'écho du grand silence des solitudes sans vie ; seul, son regard scrute, infatigable, les moindres ondulations de la plaine morne, de la dune capricieuse où il sait de très loin découvrir une plante pour son fidèle compagnon, digne et silencieux comme lui, le chameau, où il sait relever l'indice, invisible pour tout autre, qui le renseigne sur sa route, sur le but vers lequel il marche, razzia, embuscade, poursuite d'un ennemi... La polygamie est peu répandue (chez les Touaregs)... L'adultère est puni de mort. La femme n'est pas astreinte au voile. Le Touareg, au contraire, a toujours le bas de la figure jusqu'au milieu du nez voilé par un morceau de son turban... Il porte sur la poitrine des sachets de cuir ou de métal renfermant des amulettes préservatrices ; il a autour des bras des bracelets et des cornes contre le mauvais œil ! » *(Commandant Monteil.)*

Le poignard, le sabre, une lance en fer sont les armes des Touaregs : ils dédaignent en général l'emploi des armes à feu.

Les Touaregs, comme les autres confédérations de Berbères, sont divisés en trois classes distinctes : les Nobles, les Tributaires et les Esclaves.

Les Nobles passent leur vie sous la tente, et déplacent leur campement suivant la saison et les ressources fourragères qu'ils trouvent pour leurs chameaux, chameaux de charge et chameaux de course ou méharis. Ces animaux nourrissent la famille de leur lait et de leur fromage; ils lui fournissent des vêtements tissus de poils presque imperméables; morts, ils lui donnent leur chair. Dans les caravanes, le cœur du chameau appartient de droit au guide; le rognon est un morceau délicat.

Les Touaregs excellent dans les razzias, pratiquées contre les caravanes et contre les indigènes.

Ils tenaient Tombouctou sous leur dépendance absolue et ils tiraient de grosses contributions, par persuasion ou par violence, soit de la ville soit des négociants étrangers.

Le lieutenant Léon Aube n'a pu s'empêcher de protester contre la faiblesse des Soudanais : « Toute ma sympathie, disait-il, va aux Touaregs, à ces fiers cavaliers, qui tiennent sous leurs pieds tous ces nègres pusillanimes, qui, au nombre de trois — pas un de plus — dictent leurs volontés à des villages qui ont parfois plus de mille habitants! — Pillards, disons-nous. — Oui, pillards; mais la lâcheté des Soudanais n'est-elle pas pour eux une sorte d'encouragement et d'excitation ?

« Je viens de quitter un village qui m'avait appelé en grande hâte, en disant que les Touaregs l'avaient rançonné. J'arrive, je m'informe et j'apprends que trois cavaliers, armés de lances, avaient pénétré dans les cases, avaient enlevé trois femmes, s'étaient fait donner des vivres, étaient repartis. Le chef qui me racontait cela devant ses notables, tout tremblants encore, fut bien surpris lorsque, indigné, je leur fis dire : « Comment! lâches, misérables, vous étiez plus « de 200 hommes et vous en avez laissé trois vous « piller! Partez! vous êtes indignes de ma protection. « Partez! je ne veux plus vous voir. »

« Ils doivent encore croire que je suis fou. Qu'aimez-vous le mieux, vous, ceux que je tue ou ceux que je défends? »

Hélas! ce jeune brave devait être la première victime de la fureur des Touaregs, frappés dans leur orgueil, lésés dans leurs intérêts depuis notre entrée à Tombouctou et atteints par la fermeture du marché d'esclaves, qui leur rendra difficile le recrutement de leurs ouvriers agricoles.

Après le lieutenant Aube (28 décembre 1893), c'est le colonel Bonnier avec douze ou treize officiers et sous-officiers et près de quatre-vingts hommes, que les Touaregs ont massacrés à Dongoï, le 15 janvier 1894.

Cette poignante nouvelle a provoqué à la Chambre des députés une question adressée à M. Casimir Périer, qui n'a lu que des dépêches tronquées et falsifiées par M. Grodet.

On a accusé le colonel Bonnier d'avoir marché, agi sans ordre du gouvernement ; mais avant le mois de décembre 1893, le commandant d'un bataillon de tirailleurs soudanais terminait une lettre à sa famille par ces mots significatifs :

« *Et quand vous apprendrez que nous avons pris Tombouctou, capitale du Sahara, ne vous étonnez pas ; car vous êtes prévenus.* »

Peut-on soutenir encore que le gouvernement ignorait la marche sur Tombouctou, alors que les officiers la connaissaient ? Peut-on soutenir qu'un projet qui a exigé quantité de préparatifs faits au grand jour et deux ans d'avance n'ait pas été soupçonné par la direction des colonies ?

De plus, un officier revenu du Soudan a coupé court à toutes les accusations dirigées contre le colonel Bonnier, que la presse officieuse essayait de faire passer pour un téméraire et un imprudent :

« C'était un fait connu de tous les officiers au Soudan et au Sénégal, a-t-il dit, que *depuis longtemps* le gouvernement avait pour objectif la prise de Tombouctou.

« Mais voyant qu'il n'y avait plus qu'une faible étape à fournir pour atteindre la ville sainte, le gouvernement remplaça le colonel Archinard par M. Grodet, afin de donner à un gouverneur *civil* tout le mérite de la conquête.

« Le lieutenant-colonel Bonnier, informé officieusement de l'arrivée prochaine de M. Grodet, s'empressa de prendre lui-même la tête de la colonne expéditionnaire, au lieu de confier ce commandement à un commandant, le commandant Hugueny, comme cela s'était toujours fait.

« A son arrivée, M. Grodet fut averti de la fâcheuse impression que sa nomination avait produite; les officiers du Soudan et du Sénégal se souvenaient, en effet, des incidents nombreux que le nouveau gouverneur du Soudan avait soulevés dans toutes les colonies où il avait passé, à la Martinique surtout.

« D'où fureur de M. Grodet, qui donna immédiatement l'ordre au colonel Bonnier de revenir.

« Mais, sur ces entrefaites, le colonel Bonnier s'était emparé de Tombouctou....

« Une preuve évidente que le colonel Bonnier s'attendait à être attaqué, c'est qu'il avait laissé à plus de vingt kilomètres en arrière tous ses impedimenta, bagages et bétail.

« On s'est étonné dans le public du massacre de la colonne Bonnier; mais, en Afrique, il est très difficile de se garder avec des colonnes de 100 ou 150 hommes tout au plus, surtout avec des noirs, qui se sont laissés surprendre. »

Le colonel Bonnier, partant pour uue reconnaissance n'avait pas voulu dégarnir de troupes Tombouctou, et, dans son généreux patriotisme, il était parti avec quelques hommes seulement.

Voici à peu près comment on peut reconstruire par la pensée les scènes de la nuit tragique où ont succombé les vainqueurs de Tombouctou.

Accablés par les fatigues de trois jours de marche et par la chaleur du jour, les hommes dormaient d'un sommeil de plomb. Pour être plus à l'aise, ils avaient ouvert leurs vêtements, délacé leurs guêtres, débouclé leurs ceinturons. Quant aux fusils, ils étaient en faisceaux sur le front de bandière, sous la garde d'un poste insuffisant, couvert par de trop rares sentinelles. La configuration du sol facilitait les surprises : un terrain plat, couvert de hautes herbes et de massifs de cactus épineux et d'aloës. La nuit était silencieuse autant qu'obscure. Aucun bruit ne décelait l'approche d'un danger; mais ce calme absolu était lui-même un indice et, sans doute, avant de céder au sommeil, quelque vieil africain des compagnies indigènes s'étonna de n'entendre ni le glapissement des chacals, ni le rire sinistre de l'hyène, et se demanda quel ennemi plus redoutable avait écarté les fauves... Puis ses paupières alourdies retombèrent et l'on n'entendit plus, dans le camp endormi, que la respiration rauque des tirailleurs exténués...

Soudain, un coup de feu; puis un second; puis le crépitement, vite éteint, d'une faible salve; des cris effarés : « L'ennemi... Aux armes!... A nous!... » jettent l'alarme parmi les dormeurs. Chacun se redresse, se frotte les yeux, cherche à comprendre, dans l'ahurissement d'un réveil inopiné.

Hélas! la réalité n'est que trop évidente. Déjà une nuée de Touaregs montés ont envahi le campement par toutes les issues et, avec des cris effrayants, sabrent tout ce qu'ils trouvent devant eux. Derrière les cavaliers s'avancent de noirs bataillons, armés de lances et de couteaux, qui égorgent quiconque a échappé aux premiers et achèvent les blessés avec d'atroces raffinements. Dès l'abord, ils se sont emparés des fusils en faisceaux. Aussi toute résistance efficace est-elle impossible, la colonne n'ayant pour se défendre que les sabre-baïonnette des sergents et caporaux et les revolvers des officiers.

A la première alerte, ceux-ci se sont groupés autour de leur chef et, entourés de quelques braves, ils vendent chèrement leur vie.

Derrière cette élite, c'est, dans la brousse, une fuite

désespérée. Sauve-qui-peut et chasse à l'homme! Qui tombe est pris. Qui est pris est mort. A la faveur des ténèbres, une moitié à peu près de la petite troupe, avec un capitaine ensanglanté, parvient à se réfugier sous la protection d'une section laissée en arrière à la garde des troupeaux capturés. On se ressaisit, on se compte, on fait l'appel. Manquent 80 « disparus ».

On a écrit d'Alger au *Journal des Débats* :

« Les *Tingeregef,* voilà le nom exact de la tribu de Touaregs qui a assailli la colonne Bonnier et à laquelle la colonne Joffre vient d'infliger une sanglante défaite au passage d'un bras du Niger, près de Goundam. La dépêche ajoute qu'elle s'est en partie retirée dans le Nord, à quatre jours de marche de Tombouctou.

« Ce mot signifie « celles d'entre les dunes » (*Tin,* celles; *ger,* entre; *egef,* dune), par allusion aux dunes qui se rencontrent sur la rive gauche du Niger entre Goundam et Bamba, région désertique habitée par nos nouveaux adversaires.

« Barth nous a esquissé leur histoire dans un de ses savants appendices de ses *Travels.* »

Le héros de Tombouctou

C'est le nom que la France et l'histoire donneront au colonel Bonnier.

Au physique, un jeune homme. Un soldat de 37 ans qui en paraissait 28. Taille moyenne. Silhouette élégante et robuste à la fois. Le teint bronzé par le séjour dans les fournaises de l'Afrique et de l'Asie. L'œil noir et vif. La moustache et les cheveux d'ébène.

Au moral, une verve endiablée, une gaieté d'enfant. Et avec cela des élans magnifiques d'énergie. Amoureux du danger, ambitieux fanatique de son métier et contempteur de sa propre peau.

Voilà le portrait du lieutenant-colonel Bonnier, qui

a planté le drapeau tricolore sur les murs de Tombouctou, la ville mystérieuse.

L'homme était intéressant à plus d'un titre.

Né en 1856, il entrait à l'Ecole polytechnique en 1873, c'est-à-dire à l'âge de dix-sept ans. Il en sortait pour entrer dans l'artillerie de marine.

En 1880, il était capitaine, et, l'année suivante, il s'en allait au Soudan commander une mission topographique chargée de la triangulature entre Kayes et Bammako. Il en rapportait un travail important et très bien fait. Puis, il passait quelques années à l'Ecole polytechnique, en qualité d'inspecteur des études.

C'est là qu'en 1886 le général Borgnis-Desbordes vint le chercher pour en faire son aide de camp et l'emmener avec lui dans ses inspections au Sénégal, à Diégo-Suarez, à la Réunion, en Nouvelle-Calédonie.

Enfin, en 1887, le capitaine Bonnier suivait au Tonkin son général, qui allait y commander une brigade. Il y rendit de très grands services, commanda de petites expéditions contre les Pirates et s'acquit la réputation d'un officier énergique, décidé.

A Chomoï, à Cho-Chu, où commandait directement Borgnis-Desbordes, Bonnier combattit à ses côtés.

A Chomoï, les Chinois, très nombreux et bien postés, avaient arrêté l'élan de nos troupes. Les balles sifflaient autour de l'état-major et, bientôt, les deux officiers qui accompagnaient le général tombaient en même temps, le capitaine Gardère pour ne plus se relever et le capitaine Bonnier pour se remettre aussitôt sur ses jambes. Il avait le bras traversé par une balle. Il refusa d'aller se faire panser. « Ce n'est rien », dit-il. Et il resta aux côtés de son chef.

Celui-ci, obligé de se porter en avant pour voir ce qui arrêtait ses hommes, devint, au milieu des tirailleurs, la cible des Chinois.

Leur fusillade arrivait par la droite. Bonnier, constamment à sa place réglementaire, c'est-à-dire à la gauche du général, passa brusquement à sa droite pour le couvrir de son corps contre les balles. Mais le général, qui s'aperçut de ce mouvement, ne voulut pas le tolérer.

Rentré à Paris, Bonnier fut employé à l'inspection générale de l'artillerie de marine et se consacra plus spécialement à l'étude de la défense des côtes.

Chef d'escadron en 1889, il passait lieutenant-colonel en 1890.

A ce moment, le colonel Archinard rentrait du Soudan, malade, épuisé, ne se tenant plus debout que grâce à son indomptable énergie. Il demanda comme suppléant, pour les quelques mois nécessaires au rétablissement de sa santé, un officier qui joignît, à de hautes qualités militaires, la connaissance des indigènes du Soudan.

Et Bonnier fut désigné pour commander le Soudan par intérim. Il y fit preuve de sagesse et de vigueur.

La mort, hélas! l'a fauché impitoyablement, en pleine fleur, en pleine gloire.

La colonne Joffre (1) a accompli, du 20 janvier au 12 février, une superbe marche forcée dans laquelle elle a vengé sur les Touaregs à Niafounké et à Doungan l'échec douloureux infligé à la colonne Bonnier.

Mais la France sera privée des services éminents du digne compagnon, du digne successeur du colonel Archinard !

On parle d'élever une statue au colonel Bornier. Pourquoi, en effet, ne ferait-on pas pour l'héroïque

(1) Né à Rivesaltes en 1852, le commandant de nos troupes au Soudan est élève de l'Ecole polytechnique. Il se distingua à la défense de Paris comme sous-lieutenant, puis à Formose sous les ordres de l'amiral Courbet. Décoré après Formose, mis à l'ordre du jour au Tonkin, il fut nommé chef de bataillon en 1889. Trois ans plus tard, il partait pour le Sénégal où il fut chargé des études du prolongement du chemin de fer du Soudan et inscrit au tableau d'avancement pour le grade de lieutenant-colonel, qu'il vient de mériter par l'habileté avec laquelle il a mené sa colonne à Tombouctou, en lui faisant parcourir 700 kilomètres en 24 jours et en infligeant un échec aux Touaregs rencontrés sur sa route.

victime de Dongoï ce que l'on a fait pour le colonel Flatters, qui a son monument au parc Monsouris ?

Conclusion

M. Rambaud disait dans la *Revue Bleue* à propos de l'idée singulière de M. Delcassé, substituant un gouverneur *civil* au colonel Archinard : « Toi, l'opérette te guette ! »

Hélas ! ce n'était pas l'opérette, c'était le drame qui le guettait, le drame de Dongoï !

Aussitôt, en effet, que le grand empire soudanais, la *France noire* n'a plus été gouvernée par la main forte et habile du colonel Archinard, des faits *inouïs*, en quatorze ans d'expansion continue dans cette Afrique occidentale, sont venus nous stupéfier. D'abord, deux conflits, deux sanglantes erreurs, des coups de feu échangés avec les Anglais, du côté du Sierra-Leone : cela ne s'était jamais vu sous les Borgnis-Desbordes, les Boilève, les Combes, les Galliéni, les Archinard, « qui prenaient la peine de savoir ce qui se passait tout le long de leur immense frontière ». Et puis, pour comble, le désastre de Dongoï !

Qu'on ne crie pas après les imprudences des militaires, après « certaines ardeurs excessives ou certains courages irréguliers ». Il n'y a eu *d'excès*, il n'y a eu *d'irrégularité* que du côté des *civils*, qui ont mis à la tête du Soudan un malheureux gouverneur, ignorant les choses les plus essentielles, ne sachant où prendre la colonne du Sud, celle du Macina, la flotille du Niger. « Et pendant qu'il cherche, dit M. Rambaud, télégraphie et retélégraphie, s'inquiète, s'énerve, attend des renseignements qu'il lui faut demander parfois à 1000 ou 1200 kilomètres, les événements se précipitent... Il faut des *militaires*, et non pas des *civils*, dans les colonies à fonder.... Chacun son métier, les colonies seront bien gardées ! »

Voilà le langage du bon sens et du patriotisme !

L'histoire devrait au moins éclairer nos gouvernants !

Elle voue au mépris les ministres complaisants de Louis XV et de Mme de Pompadour, qui refusaient aux défenseurs du Canada et des Indes les millions prodigués à Versailles, et elle glorifie Montcalm et Dupleix.

Ainsi en sera-t-il un jour. On ignorera absolument les noms des politiciens civils, dont l'encombrante personnalité remplit les colonnes de nos journaux, et les plus ignorants sauront le nom de Borgnis-Desbordes, qui, le premier, a planté le drapeau français sur les rives du Niger, le nom d'Archinard, qui a doublé le Soudan français, le nom de Bonnier, qui est tombé, victime du devoir, après avoir conquis à la France « la reine du désert ! »

L'abbé Th. DELMONT,

Professeur aux Facultés catholiques de Lyon.

P.-S. — Lyon, 19 mars 1894. Depuis qu'a été écrite cette étude sur *la France noire et Tombouctou,* l'auteur a eu le plaisir d'entendre une conférence très intéressante et très instructive, donnée par la Société de géographie de Lyon, le 18 mars.

M. Schirmer, professeur à la Faculté des lettres de l'État, a parlé du *Sahara* et du *Soudan,* sujet d'une remarquable thèse qui lui a valu, de la part de la Société de géographie de Paris, la médaille d'or du prix Duveyrier.

Il a raconté tous les voyages d'exploration faits depuis un siècle « au pays de la soif », comme disent les Arabes, à travers ces solitudes que traversent des caravanes de marchands d'esclaves et dont l'une des routes s'appelle d'un nom trop significatif, hélas ! « la route des ossements ». Il a rappelé les audacieuses entreprises des Hormann, des Dennam, des René

Caillé, des Barth, des Lenz, des Binger, des commandant Monteil, etc. et conclu en disant que contre les Touaregs, « ces pirates du désert », il n'y a d'autre politique à suivre que celle de la *force*, employée hardiment par des *militaires* intrépides.

De plus, le *Journal officiel* du 15 mars a publié le texte du rapport adressé par le capitaine Philippe, sur le massacre de Goundam ou de Dongoï, au commandant supérieur des troupes à Kayes. Il est daté de Tombouctou, le 21 janvier 1894.

Il établit que le colonel Bonnier est entré à Tombouctou le 10 janvier; que son artillerie, une compagnie et le convoi se trouvaient encore loin en arrière et ne sont arrivés que le 13 dans la « ville sainte », et que, dès le 12, l'intrépide colonel partait *en reconnaissance* sur des campements Touaregs à trois journées de marche vers Goundam.

L'ordre de rappel, envoyé par le gouverneur civil Grodet, n'est donc pas la *cause* de la mort de l'héroïque colonel et de l'état-major qu'il emmenait avec lui.

La catastrophe s'est produite d'ailleurs exactement comme elle a été racontée dans cette étude, sauf l'incident des bœufs lâchés par les Touaregs, incident qu'on va lire dans les lignes qui suivent et qui sont émouvantes par leur mâle et forte simplicité :

« Après avoir pris le campement d'un chef touareg, le 14 dans l'après-midi, et un nombreux troupeau, apprenant que les Touaregs se trouvaient à quelque distance de là, la colonne (Bonnier) se remettait en marche à trois heures de l'après-midi, laissant une section de la 11ᵉ et une section de la 5ᵉ, sous le commandement du sous-lieutenant Sarda, pour la garde du troupeau. Vers la nuit, la colonne arrivait au campement évacué, ou paraissant l'être; à quatre heures du matin, le 15, les Touaregs concentrés à courte distance surprenaient la colonne endormie et mal gardée dans le campement où elle s'était installée en arrivant, campement qu'ils connaissaient admirablement, puisqu'il leur appartenait.

« Aucune reconnaissance des environs n'avait été faite; *suivis de nombreux piétons armés, les cavaliers touaregs sont arrivés sur les faisceaux avant que le cri : « Aux armes ! » n'ait été poussé; les sentinelles placées à peu de distance des faisceaux ayant été culbutées rapidement, un groupe de cavaliers tombait en même temps sur l'état-major placé dans une clairière leur rendant l'accès des plus faciles. Des bœufs lâchés par les Touaregs contribuaient encore au désordre épouvantable d'un moment pareil.*

« Le capitaine Nigotte, chargé de la topographie et couché à l'état-major, a pu seul s'échapper avec un coup de sabre à la tête, heureusement sans grande gravité. Il a rejoint le peloton de garde aux troupeaux, ainsi que de nombreux fuyards, et a pu rentrer ici avec cette troupe.

« Nos reconnaissances, que je n'ai pu pousser assez loin, en raison de la sécurité de la place environnée aussitôt de cavaliers rôdant par petits paquets et s'enfuyant, d'ailleurs, devant la moindre démonstration, ont pu recueillir encore quelques tirailleurs; d'autres sont revenus seuls, mais beaucoup sans armes ni munitions. *Tout l'état-major est resté là-bas !* »

Suivant de nouveaux renseignements donnés par le *Temps*, la surprise de la colonne Bonnier par les Touaregs aurait eu pour cause principale l'extrême fatigue des hommes.

Après une marche de 35 kilomètres, succédant à de longues et très rudes épreuves, les hommes sont tombés littéralement foudroyés par le sommeil.

D'autre part, on n'avait pas eu le temps d'organiser un service de renseignements.

Les Hoggars avaient surpris et massacré la mission Flatters en se masquant derrière des chameaux qu'ils poussaient vers notre campement.

Contre la colonne Bonnier, ce sont des bœufs qui ont rempli cet office.

Ces procédés étaient déjà en usage aux temps de Rome. Pour être vieux, ils n'en sont pour cela ni usés ni moins redoutables.

Aussi, nos officiers et nos soldats ne sauraient-ils se mettre en garde contre eux avec trop de soin.

Un officier disait dans la *Justice* que ce ne sont pas des noirs du Soudan qu'il faut opposer aux Touaregs. « Je sais, pour l'avoir entendu dire aux Chambaâ — les ennemis des Touareg dans le Sahara septentrional — combien il est difficile de déjouer leurs embûches, leurs surprises de nuit, d'une soudaineté foudroyante. Il y faut une éducation, fruit d'une longue expérience ». Aux Sahariens, il est nécessaire d'opposer d'autres Sahariens, des hommes ayant les mêmes aptitudes et rompus à la même tactique. Les Touaregs n'auraient probablement pas surpris la colonne Bonnier, si elle avait compté des Chambaâ dans ses rangs. Ceux-ci, avertis par certains indices qui échappent difficilement à des yeux sahariens, auraient soupçonné le voisinage de l'ennemi. Ils ne se seraient pas « endormis », sachant qu'il y allait de leur vie.

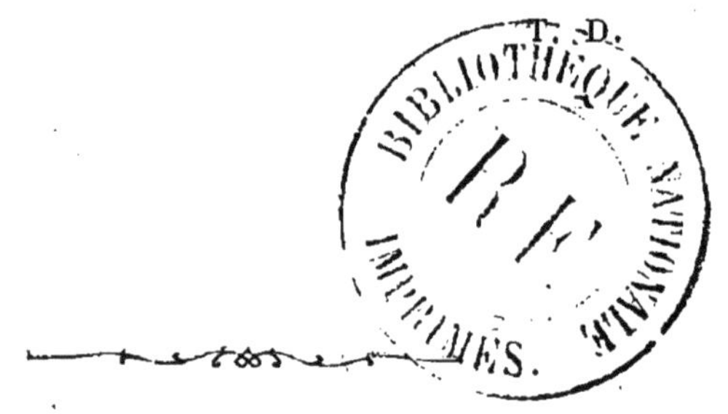

Aurillac, imp. H. Gentet.

www.ingramcontent.com/pod-product-compliance
Ingram Content Group UK Ltd.
Pitfield, Milton Keynes, MK11 3LW, UK
UKHW022150190726
13855UKWH00004B/1420

9 782012 989931